Inhaltsverzeichnis

Vorbemerkungen (1)

Zum Lesen allgemein, Tipps und Tricks

Viele Kinder – und auch Erwachsene – können sich Texte nur mit großer Anstrengung oder gar nicht erschließen. Die IGLU-Studie 2023 hat dies eindrucksvoll gezeigt. Lesen ist aber nicht nur der Schlüssel zu Bildung, sondern ermöglicht auch eine gleichberechtigte Teilhabe am Alltag. Wer nicht lesen kann, kann zum Beispiel keine Straßenschilder entziffern oder nicht so einfach Bus fahren, weil der Fahrplan nicht entschlüsselt werden kann. Selbst das Unterschreiben von Dokumenten kann nicht oder nicht adäquat erfolgen, weil der dazugehörige Text nicht gelesen werden kann. Und nicht zuletzt entfällt die gesamte Welt an Comics, Romanen und Krimis, die den Blickwinkel erweitern und die Fantasie anregen – und auch die Fähigkeit des Entschlüsselns informativer Texte und damit die Möglichkeit, sich Wissen anzueignen.
Gerade lebensnahe, spannende und auf die Lebenswelten von Kindern zugeschnittene Texte sind der Grundstein für den Erwerb von Lesekompetenzen. Es gibt also Gründe genug, solche Texte Einzug in den Unterricht finden zu lassen! Im Zuge der IGLU-Studie soll Leseförderung nun fächerübergreifend fest im Unterricht verankert werden. Drei- bis fünfmal pro Woche sollen die Schüler*innen je 20 Minuten lang lesen – unabhängig vom Deutschunterricht. Dies stärkt nachweislich das flüssige Lesen, die Dekodierfähigkeit von Wörtern und das Leseverständnis.
Das vorliegende Material enthält Sachtexte rund um die Jahreszeiten und ist auf die Lebenswelt der Kinder ausgelegt. So wird neben der Lesefähigkeit auch das Sachwissen erweitert und gestärkt.
Die Sachtexte können an aktuelle Unterrichtsthemen angeknüpft werden und verbinden so die Leseförderung mit dem Lehrplan im Bereich Sachunterricht. Lautlesen im Tandem oder im Klassenverband als chorisches Lesen kann in Abstimmung mit dem Deutschunterricht auch im Sachunterricht als Teil der regelmäßigen Leseförderung (zum Beispiel dreimal 20 Minuten pro Woche) umgesetzt werden.
Die Sachtexte sind mit der Anzahl der Wörter beschriftet und eignen sich vor allem für die 2. bis 4. Klasse. Das Material eignet sich ebenso für DaZ-Kinder sowie Kinder mit LRS.

Ermittlung der Lesegeschwindigkeit und -genauigkeit

Eine gute Vorbereitung der Leseförderung seitens der Lehrkraft ist besonders wichtig. Diese sollte zunächst die **Lesegeschwindigkeit und -genauigkeit der Schüler*innen ermitteln.** Dazu kann sie die Schüler*innen bspw. eine Minute lang den jeweils gleichen Text lesen lassen und markiert sich dabei alle falsch oder holperig gelesenen Wörter. Anhand dessen teilt sie die Klasse in zwei Gruppen ein: Die erste Gruppe setzt sich aus den schnellsten und besten Leser*innen bis zum oberen Mittelfeld zusammen und die zweite Gruppe aus dem unteren Mittelfeld bis zu den schwächsten Leser*innen. Anhand dieser Einteilung können die Schülerpaare für die im Anschluss vorgestellten Methoden zusammengestellt werden.

Vorbemerkungen (2)

Tandemlesen

Beim **Tandemlesen** finden sich immer zwei Schüler*innen zusammen. Sie bestehen aus **einem stärkeren und einem schwächeren Leser,** die „Trainer“ und „Sportler“ sind. Es bietet sich an, aus den beiden Gruppen jeweils die Kinder mit den besten Lesefähigkeiten zu kombinieren, dann die etwas schwächeren und so weiter. So ist das Leistungsgefälle zwischen den Schüler*innen nicht zu groß. Auf diese Weise werden alle Paare zusammengestellt.

Die Schüler*innen erhalten einen Text und **lesen ihn gemeinsam laut.** Dabei fährt der Trainer den Text mit dem Finger nach und passt sich dem Lesetempo des Sportlers an. Bei Fehlern verbessert der Trainer den Sportler und unterstützt ihn. Hat der Sportler einen Fehler gemacht, wird der Satz erneut gelesen und das falsch gelesene Wort verbessert. Wenn der Sportler sich sicher fühlt, gibt er dem Trainer ein Zeichen und liest allein weiter – bis er erneut einen Fehler macht. Dann steigt der Trainer wieder mit ein, bis der Sportler allein weiterlesen möchte. **So wird der Text insgesamt mindestens viermal gelesen.** Dadurch prägen sich die Wörter besser ein und können später auch in anderen Texten leichter dekodiert werden. Durch das laute Lesen werden Fehler direkt sichtbar gemacht und können verbessert werden. Ein besonders wichtiger Punkt ist das **Loben:** Hat der Sportler gut gelesen und seine Leistung verbessert, ist der Trainer angehalten, ihn zu loben.

Leserakete: Dies ist eine Lesehilfe für die Kinder. Wenn sie auf festeres Papier kopiert und ausgeschnitten wird, hilft sie dabei, in der Zeile zu bleiben und Wort für Wort zu lesen.

Anmerkung: Liebe Lehrkraft, wir möchten in unseren Materialien niemanden benachteiligen oder diskriminieren. Daher nutzen wir unter anderem das Gendersternchen, um alle Geschlechter anzusprechen. In Texten für Schüler*innen verzichten wir jedoch aus Gründen der besseren Lesbarkeit darauf und nutzen weiterhin entweder die „neutrale“ Form oder Doppelformen. Selbstverständlich sind stets alle Geschlechter gemeint.

Lesepass

✂ Schneide die Seiten aus und hefte sie hintereinander.

Lesepass

Name: ______________________

15 Minuten gelesen am	gelesen mit / Unterschrift

15 Minuten gelesen am	gelesen mit / Unterschrift

15 Minuten gelesen am	gelesen mit / Unterschrift

Unsere Milchstraße

111 Wörter

Alle Sterne am Nachthimmel sind Sonnen.
Wir sehen sie aber nur als kleine Lichter,
weil sie unvorstellbar weit weg sind.
Mit bloßem Auge können wir etwa 3 000 Sterne erkennen.

Sie alle gehören zu einem großen Sternensystem, der Milchstraße.
Die Milchstraße ist unsere Galaxie.
Wir können uns die Milchstraße als riesigen „Spiralnebel" vorstellen.
Er besteht aus ungefähr 200 Milliarden Sternen.
In klaren Sommernächten können wir am Himmel
auch etwas entdecken, das wie Wolken aussieht.
Diese Wolken bestehen aus Staubteilchen und Gasen.

Im Laufe der Zeit wurden riesige Fernrohre
und Teleskope entwickelt.
So gelang es den Sternforschern,
immer weiter in den Weltraum hineinzuschauen.
In den letzten Jahrzehnten entdeckten sie
unzählige entfernte Galaxien.

147 Wörter

Die Sonne

Im Weltall gibt es viele Milliarden Sterne.
Unsere Sonne ist einer davon.
Sie ist vor knapp fünf Milliarden Jahren entstanden.
Die Sonne ist unvorstellbar groß.
Etwa eine Million Erdkugeln würden in sie hineinpassen.

Wie alle Sterne ist die Sonne eine Kugel
aus glühend heißen Gasen.

Für uns Menschen ist die Sonne aber
ein ganz besonderer Stern.
Das Licht und die Wärme der Sonne machen das Leben
auf der Erde möglich.
Das Sonnenlicht lässt die Pflanzen wachsen
und den Regen regnen.
Ihre Wärme verdunstet nämlich Wasser über Meeren,
Seen und Flüssen.
Daraus entstehen Regenwolken.

Uns erscheint die Sonne viel größer und heller
als alle anderen Sterne.
Das liegt daran, dass sie uns sehr viel näher ist.
Die Sonne ist nur etwa 150 Millionen Kilometer
von der Erde entfernt.
Wenn ein Zug Tag und Nacht 100 Kilometer
in der Stunde fahren würde,
bräuchte er für diese Strecke 170 Jahre.

Unser Sonnensystem

210 Wörter

Um unsere Sonne bewegen sich acht Planeten.
Sie heißen Merkur, Venus, Erde, Mars, Jupiter, Saturn,
Uranus und Neptun.
Wir haben inzwischen vieles über die Planeten,
das Weltall und die Sterne erforschen können.
Das haben wir mit Hilfe von Teleskopen und Raumsonden geschafft.
Wir wissen, wie groß die einzelnen Planeten sind
und kennen ihre Entfernung zur Sonne.
Außerdem wissen wir, woraus die Planeten bestehen
und wie viel sie wiegen.

Auch über die Monde der Planeten konnten wir Einiges herausfinden.
Unsere Erde hat zum Beispiel einen Mond.
Viele der großen Planeten haben auch Monde.
Um den Jupiter wurden bisher sogar 95 Monde entdeckt.
Merkur und Venus dagegen haben keinen Mond.

Die Umlaufbahnen der Planeten sind unterschiedlich groß.
Je näher der Planet der Sonne ist, desto kürzer dauert eine Umkreisung.
Ein Merkurjahr dauert zum Beispiel 88 Tage.
Eine Umkreisung des äußersten Planeten Neptuns dauert 165 Jahre.

Unsere Sonne und die Planeten sind vor knapp fünf Milliarden Jahren
aus Gas und Staubteilchen entstanden.
Nur auf der Erde hat sich Leben gebildet.
Bereits auf den Nachbarplaneten Venus und Mars
ist es zu heiß oder zu kalt.

Auch Tausende von Kleinplaneten kreisen wie die großen Planeten
um die Sonne.
Diese Kleinplaneten nennt man Planetoiden.
Die meisten von ihnen bewegen sich auf Umlaufbahnen
zwischen Mars und Jupiter.

Unsere Zeiteinteilung

135 Wörter

Wir messen unsere Zeit in Jahren, Monaten und Tagen.
Diese Einteilung errechnet sich aus dem Stand unserer Erde
zur Sonne und zum Mond.

Das Wort „Tag“ hat in der deutschen Sprache
zwei verschiedene Bedeutungen.
Zum einen verbinden wir mit „Tag“ die helle Zeit zwischen
Sonnenaufgang und Sonnenuntergang.
Zum anderen meinen wir den Zeitraum von 24 Stunden.
In dieser Zeit dreht sich unsere Erde einmal
um die eigene Achse.

Die Erde dreht sich aber nicht nur um sich selbst,
sie kreist auch um die Sonne.
Für einen Umlauf um die Sonne braucht unsere Erde
ungefähr 365 Tage.
Diesen Zeitraum bezeichnen wir als „Jahr“.
Ein Jahr ist wiederum eingeteilt in zwölf Monate.
Von diesen Monaten haben einige 30 Tage und andere 31 Tage.
Nur der Februar hat 28 Tage.
In einem Schaltjahr hat der Februar 29 Tage.

Der Mond

211 Wörter

Der Mond ist unser nächster Nachbar im Weltraum.
Er ist nur 384 400 Kilometer von der Erde entfernt,
daher erscheint er uns auch so groß.
Tatsächlich ist der Mond ein bisschen kleiner als ein Viertel der Erde.

Du kannst schon mit bloßen Augen helle und dunkle Flecke
auf der Oberfläche des Mondes erkennen.
Die dunklen Flecke sind leicht gewellte Ebenen.
Sie werden „Meere“ genannt,
weil die Astronomen sie früher für Wasser hielten.
Dabei gibt es auf dem Mond kein Wasser
und auch keine Luft zum Atmen.
Das wussten die Astronomen damals aber noch nicht.
Die Mondmeere sind erkaltete Lavaströme.
Diese sind vor Milliarden Jahren aus dem Mondinneren ausgeflossen.
Außerdem kannst du einige große Krater erkennen.
Die Krater sind ebenfalls vor Milliarden Jahren
durch die Einschläge von Meteoriten entstanden.
Mit dem Fernrohr siehst du noch unzählige kleine Krater,
einzelne Berge und Gebirgsketten.

Es sieht für uns so aus, als ob der Mond hell leuchten würde.
Er reflektiert aber nur das Sonnenlicht,
eigenes Licht erzeugt er nicht.
In etwa einem Monat umrundet der Mond die Erde.
Dabei wendet der Mond der Erde immer dieselbe Seite zu.
Von der Erde können wir ihn als Vollmond,
Halbmond oder als eine Sichel sehen.
Das hängt davon ab,
aus welcher Richtung das Sonnenlicht auf den Mond fällt.

Die Geschichte des Getreides

195 Wörter

Getreide ist die älteste Nahrung der Menschen.
Vor ungefähr 10 000 Jahren wurden die Menschen sesshaft.
Sie blieben also an einem Ort und legten dort ihre Felder an.
Zu dieser Zeit entwickelten die Menschen den Getreideanbau.

Schon die Menschen in der Steinzeit aßen die gerösteten Getreidekörner.
Sie kochten die Körner auch mit Wasser zu einem Brei.
Ließ man den Brei trocknen, erhielt man einen haltbaren Fladen.
Aus dem Fladenbrot hat sich später das Brot entwickelt.
Typische Brotgetreide sind heute Weizen und Roggen.

Alle Getreidearten stammen von Wildgräsern ab.
Sie haben einen langen, dünnen und hohlen Stängel.

Die Maispflanze kannst du am besten von den anderen Getreidearten unterscheiden.
Sie wird bis zu zwei Meter hoch und hat kräftige grüne Blätter.
Die Maispflanze bildet außerdem einen Kolben als Fruchtstand.

Weizen, Roggen und Gerste bilden Ähren als Fruchtstand.
Diese Sorten erkennst du erst bei genauerem Hinschauen.
Du kannst sie gut an den Grannen unterscheiden.
Grannen sind die borstenähnlichen Haare an den Ähren.
Die Weizenähre hat keine Grannen.
Die Ähren vom Roggen haben kurze Grannen
und die Ähren der Gerste haben ganz lange Grannen.
Der Fruchtstand des Hafers wächst als Rispe.
Weizen, Roggen, Gerste und Hafer sind heimische Getreidearten.

Hafer

118 Wörter

Hafer wird seit mehr als 4 000 Jahren
als Getreidepflanze in Mitteleuropa angebaut.
Die Pflanze wird bis zu 1,5 Meter hoch
und bildet als Fruchtstand Rispen.
Der Haferanbau ist in Deutschland heute
nicht mehr von so großer Bedeutung.
Bis ins Mittelalter ernährten sich die Menschen
aber vielfach von Hafergrütze.
Das ist in Wasser oder Milch weich gekochter Hafer.
Die Körner wurden dafür vorher
zwischen Steinen zermahlen.

Hafer ist nicht als Brotgetreide zu verwenden.
Haferflocken aber sind gesund und lecker.
Der größte Teil des angebauten Hafers wird
als Viehfutter verwendet.

Aus Hafer lässt sich auch eine Art Milch herstellen.
Wer keine Kuhmilch verträgt, kann diese Hafermilch trinken.
Sie schmeckt süßer als Kuhmilch
und kann auch zum Backen verwendet werden.

Roggen

96 Wörter

Roggen wird seit mehr als 3 000 Jahren
als Getreidepflanze genutzt.
Die Roggenpflanze stammt wahrscheinlich
aus dem Gebiet der heutigen Türkei.
Sie war zunächst als Unkraut in Weizenfeldern bekannt.

Die Roggenpflanze kann 2 Meter hoch werden.
In jeder Ähre reifen bis zu 80 Körner.
Du erkennst Roggen an den kurzen Grannen an den Ähren.

Roggen wird bei uns als Wintergetreide angebaut.
Das heißt, es wird bereits im Spätsommer ausgesät
und im nächsten Sommer geerntet.

Das dunkle Roggenmehl wird zum Backen
kräftiger Brotsorten wie Vollkornbrot
und Schwarzbrot verwendet.
Auch Roggenbrötchen sind beliebt
und werden beim Bäcker angeboten.

Weizen

108 Wörter

Weizen gehört zu den ältesten Nutzpflanzen der Menschen.
Er wird seit über 8 000 Jahren angebaut.
Die ältesten Weizenarten stammen aus Vorderasien.
Die Bedeutung des Wortes „Weizen“ leitet sich von „weiß“ ab.
Es deutet auf das helle Mehl hin,
das aus den Weizenkörnern gemahlen wird.

Je nach Weizenart werden die Pflanzen bis zu 1,6 Meter hoch.
Dinkel oder Weichweizen haben feste Ähren ohne Grannen.

Weizen gehört für viele Millionen Menschen
zu den wichtigsten Nahrungsmitteln.
Deshalb war Weizen in den letzten Jahren auch das
am zweithäufigsten angebaute Getreide der Welt.
An erster Stelle steht Mais.

Aus Weizenmehl werden helle Brotsorten und Brötchen hergestellt,
aber auch Kuchen und Plätzchen gebacken.

Gerste

128 Wörter

Die Gerste ist die älteste Getreideart.
Sie war schon vor mehr als 14 000 Jahren
in Vorderasien bekannt.
Seit etwa 7 000 Jahren wird sie auch bei uns
in Mitteleuropa angebaut.

Die Pflanzen werden je nach Gerstenart bis zu 1,2 Meter hoch.
Die Gerste ist besonders gut an ihren langen Grannen zu erkennen.
Gerste wächst und reift ziemlich schnell.
Deshalb kann sie zweimal im Jahr angebaut werden:
als Sommergetreide und als Wintergetreide.
Sommergetreide wird im Frühjahr gesät und im Sommer geerntet.
Wintergetreide wird vor Winteranfang gesät
und erst im nächsten Jahr im Sommer geerntet.

Gerste wird hauptsächlich als Tierfutter verwendet.
Das nennt man Futtergerste.
Für die Ernährung der Menschen wird Gerste
als Graupen und Grieß verwendet.
Aus Gerste wird auch Malz hergestellt,
aus dem dann Bier gebraut wird.

Reis

153 Wörter

Vor etwa 7 000 Jahren begannen Menschen in Asien
Reis anzubauen.
Seitdem entwickelte sich Reis zur wichtigsten Getreideart.
Mehr als die Hälfte der gesamten Menschheit
ernährt sich von Reis.
Inzwischen baut man Reis auch in Amerika und in Europa an.

Reis reift hauptsächlich im flachen Wasser.
Er wird daher in natürlichen oder künstlich angelegten
Sümpfen angebaut.
In Asien ist die Landschaft häufig von Reisfeldern geprägt.
Sie sind an Hängen angelegt und von Dämmen umgeben.
So kann eine Reis-Terrasse stärker geflutet oder entwässert werden.
Die Wasserhöhe wird an die Größe der Reispflanzen angepasst.

Die Reispflanze wird bis zu 1,6 Meter hoch
und bildet bis zu 30 Halme.
An jedem Halm entwickelt sich eine Rispe.
In einer Rispe können bis zu 100 Reiskörner reifen.

In den asiatischen Ländern wird meistens der braune,
ungeschälte Reis gegessen.
Er enthält mehr Vitamine und Mineralstoffe als der weiße,
geschälte Reis.
Der weiße Reis wird bei uns am häufigsten verwendet.

Der Wald

128 Wörter

Ein Urwald ist ein natürlich gewachsener Wald,
der von Menschen nicht verändert wird.
Unsere Wälder sind aber fast alle von Menschen angelegt
oder umgestaltet.

Die meisten dieser Wälder bei uns werden bewirtschaftet.
Das heißt, wir legen Laubwälder, Nadelwälder
oder Mischwälder an.
Dann fällen wir die Bäume und verarbeiten sie zu Holz.
Dafür werden dann neue Bäume gepflanzt.
So bleibt der Wald erhalten.
Um den Wald und seine Gesundheit kümmert sich ein Förster.

Der Laubwald ist meistens eine Mischung
von Buchen und Eichen.
Wir finden dort aber auch Kastanien,
Birken und Ahornbäume.

In unseren Nadelwäldern wachsen hauptsächlich Fichten,
aber auch Tannen und Kiefern.
Im Gebirge wachsen in Nadelwäldern auch Lärchen.

Der Mischwald ist eine Gemeinschaft
von Laubbäumen und Nadelbäumen.
Meistens ist es eine Mischung aus Fichten,
Tannen und Buchen.

Die Stockwerke des Waldes

150 Wörter

Der Wald ist in fünf verschiedene Schichten aufgeteilt.
Um es dir einfacher zu merken,
kannst du auch von fünf Stockwerken sprechen.

Die Bodenschicht ist vergleichbar mit dem Keller.
Hier befinden sich die Wurzeln der Bäume und Pflanzen.
Tiere wie zum Beispiel Maulwürfe,
Regenwürmer oder Mäuse leben hier.

Die Moosschicht ist das Erdgeschoss,
sie besteht aus Moos, Pilzen und Humus.
In dieser Schicht leben die meisten Insekten
wie Käfer oder Ameisen.
Hier leben auch Spinnen und Schlangen.

Die erste Etage nennt man Krautschicht.
Dort wachsen im Frühling die Frühblüher,
zum Beispiel Krokusse und Narzissen.
Du kannst Hasen, Füchse und Wildschweine
in diesem Stockwerk beobachten.

Die zweite Etage ist die Strauchschicht.
Hier wachsen unterschiedlich hohe Sträucher,
Büsche oder junge Bäume.
In dieser Schicht befinden sich oft Nester
von brütenden Vögeln.

Die Baumschicht bildet mit ihrem Blätterdach
das Dachgeschoss.
In diesen Höhen entdeckst du Vögel und kletternde Tiere,
wie zum Beispiel das Eichhörnchen.

Laubbäume und Nadelbäume

176 Wörter

Jeder Baum hat Wurzeln in der Erde, einen Stamm und Äste.
Daran wachsen Blätter oder Nadeln.
In Deutschland wachsen Nadelbäume und Laubbäume.

Bei uns gibt es Laubbäume wie Eiche, Buche,
Kastanie und Ahorn.
Ihre Blätter werden im Herbst braun und fallen ab.
Dann kannst du Laubbäume besonders gut
voneinander unterscheiden.
Zu dieser Zeit findest du nämlich viele Blätter
und Früchte der Bäume auf dem Waldboden.
Aber auch in den anderen Jahreszeiten gibt es Merkmale,
an denen du die Unterschiede erkennst.
So kannst du im Winter die blattlosen Bäume
anhand ihrer Form vergleichen und benennen.
Im Sommer und im Frühjahr helfen dir
die unterschiedlichen Formen der Blätter.

Nadelbäume wachsen sowohl im Flachland
als auch im Gebirge.
Nadelbäume haben keine Blätter.
Wie ihr Name schon verrät, haben sie Nadeln.
Diese behalten sie auch im Winter.
Nur die Nadeln der Lärche werden im Herbst gelb
und fallen schließlich ab.
Die Samen der Nadelbäume reifen in den Zapfen.
An den Nadeln, den Zapfen und der Baumform
kannst du die Nadelbäume unterscheiden.
In Deutschland gibt es vor allem Kiefernwälder
und Fichtenwälder.

Die tropischen Regenwälder

136 Wörter

Ein Urwald ist ein natürlich gewachsener Wald.
Er wurde nicht von Menschen verändert.
Es werden also keine Bäume gepflanzt oder gefällt.

In Südamerika und Afrika gibt es noch große Urwälder,
nämlich die Regenwälder.
Dort leben viele Tier- und Pflanzenarten.

Regenwälder nennt man auch die Lunge der Welt.
Hier produzieren die vielen Bäume Sauerstoff.
Den brauchen alle Menschen und Tiere auf der Welt zum Atmen.
Deshalb ist es besonders wichtig,
die Regenwälder zu schützen.

Doch immer mehr tropischer Regenwald wird abgeholzt.
Die Menschen fällen die großen, uralten Bäume.
Daraus machen sie Möbel, Papier und viele andere Produkte.
Es werden aber auch Bäume gefällt,
um Platz zu schaffen.
Dieser Platz wird als Weideland für Nutztiere
und als Felder für Futterpflanzen genutzt.

Wir können diese Urwälder schützen.
Wir können zum Beispiel Recyclingpapier verwenden
und keine Möbel aus Tropenhölzern kaufen.

Die Aufgaben des Waldes

167 Wörter

Der Wald und seine Bäume haben verschiedene Funktionen.
Sie reinigen zum Beispiel die Luft.
Der Wald arbeitet dabei wie ein Filter.
Die Bäume filtern die Schmutzteilchen mit ihren Blättern und Nadeln aus der Luft.
Dafür geben sie wieder reine Luft ab.

Bäume brauchen Nahrung, wie jedes andere Lebewesen auch.
Die bekommen sie durch das Wasser.
Das Wasser nehmen die Wurzeln aus dem Boden auf.
Sie stellen aber mit Hilfe des Sonnenlichtes auch selbst Nährstoffe her.
Dieser Vorgang passiert in den Blättern oder Nadeln der Bäume.
Sie nehmen Kohlendioxid aus der Luft auf und wandeln es in Sauerstoff um.
Diese Umwandlung nennt man Fotosynthese.
Der Wald ist also ein riesiges Kraftwerk.
Er stellt den Sauerstoff her, den wir zum Leben brauchen.

Mit ihren Wurzeln halten die Bäume den Erdboden fest.
So verhindern sie Erdrutsche oder Lawinen.

Wasser tropft im Wald langsam durch die verschiedenen Stockwerke nach unten bis in den Boden.
Dort wird es durch die verschiedenen Waldbodenschichten gefiltert und gereinigt.
So entsteht besonders gutes und sauberes Trinkwasser.

Pilze

139 Wörter

Pilze sind eine eigene Art von Lebewesen.
Sie zählen nicht zu den Pflanzen
und auch nicht zu den Tieren.
Die meisten Pilze finden wir im Wald.
Wir sehen aber nur einen kleinen Teil des Pilzes,
den Fruchtkörper.
Der eigentliche Pilz wächst unter der Erde.
Er besteht aus einem Netz aus weißlichen Fäden,
das riesengroß werden kann.
Dieses Pilzgeflecht nennt man Myzel.

Pilze brauchen wie alle Lebewesen Nahrung.
Sie ernähren sich von abgestorbenen Pflanzen.
Gerade im Wald sind Pilze daher besonders wichtig.
Sie können abgestorbene Pflanzen zersetzen
und in nährstoffreiche Erde verwandeln.
So können im Wald wieder neue Pflanzen wachsen.

Der Fruchtkörper einiger Pilzarten kann gegessen werden.
Es gibt jedoch auch viele Pilzarten, die giftig sind.
Deshalb solltest du Pilze im Wald nie allein sammeln und essen!
Dafür gibt es erfahrene Pilzexperten.
Sie können essbare Pilze von giftigen Pilzen unterscheiden.

Die Rote Waldameise

160 Wörter

In unseren Wäldern finden wir die hügelförmigen Nester
der Roten Waldameise.
Die kleinen Tiere errichten aus Nadeln
und Holzstückchen große Bauten.
Diese können bis zu zwei Meter hoch
und zehn Meter breit werden.

In einem Ameisenvolk leben eine oder mehrere Königinnen,
viele weibliche Arbeiterinnen und die männlichen Drohnen.
Die Arbeiterinnen sind etwa neun Millimeter lang.
Die Drohnen und die Königinnen sind etwa elf Millimeter lang.

Eine Ameisenkönigin wird bis zu 25 Jahre alt,
eine Arbeiterin etwa sechs Jahre.
Die Drohnen leben nur wenige Wochen.

Jede Ameise hat eine bestimmte Aufgabe.
Die Königin zum Beispiel legt die Eier
und die Drohnen befruchten die Königin.
Die Arbeiterinnen bauen das Nest und versorgen die Larven.

Ein Ameisenvolk erbeutet täglich viele Spinnen und Insekten.
Diese verfüttern sie an die Ameisenlarven.
Die erwachsenen Ameisen ernähren sich hauptsächlich
von Honigtau.
Das sind die Ausscheidungen von Blattläusen.
Ameisen fressen auch viele Schädlinge.
Sie sind darum sehr wichtig für einen gesunden Wald.
Die Rote Waldameise steht unter Naturschutz.

Die Brennnessel

169 Wörter

Eine Brennnessel zu berühren, ist sehr unangenehm.
Man kann sich wohl für immer an das Brennen erinnern.
Durch das Brennen will sich die Pflanze
gegen Fressfeinde verteidigen.
Andere Pflanzen schützen sich beispielsweise
durch Stacheln und Dornen.
Die Brennnessel schützt sich durch ihre Brennhaare.

Die Brennhaare kann man unter einem Mikroskop
genauer erkennen.
Sie sind eine Art Nadel mit einem kleinen runden Köpfchen.
Wird das Brennhaar nun berührt,
bricht das Köpfchen ab und eine Spitze entsteht.
Diese dringt in die Haut ein und setzt das Brennnesselgift frei.
Das Gift verursacht Jucken und Brennen auf der Haut.

Wenn man sich kratzt, verteilt sich das Gift.
Das Brennen wird dadurch stärker.
Bei einem Stich sollte die Stelle gesäubert
und ein kaltes Tuch daraufgelegt werden.
Im Wald ist Breitwegerich zu finden.
Diese Blätter kann man pflücken und damit
die brennende Stelle auf der Haut abreiben.
Das lindert den Schmerz.

Es gibt auch eine Pflanze, die ähnlich aussieht
wie die Brennnessel.
Man nennt sie Weiße Taubnessel.
Im Gegensatz zur Brennnessel hat sie keine Brennhaare.

Hirsche und Rehe

186 Wörter

Viele Menschen denken, dass der Hirsch
das männliche Reh ist.
Das stimmt aber nicht, denn Hirsche und Rehe
sind unterschiedliche Tierarten!

Die Rothirsche sind die größten Tiere in unseren Wäldern.
Mehrere zusammenlebende Tiere nennen wir Rudel.
Rothirsche ernähren sich von Gräsern, Laub und saftigen Zweigen.

Die männlichen Tiere heißen Hirsche.
Nur sie tragen auf dem Kopf ein Geweih.
Jedes Jahr im Mai wirft der Hirsch sein Geweih ab.
Im Herbst bekommt er ein neues und größeres Geweih.
Je älter ein Hirsch ist, desto größer und verzweigter
ist also auch sein Geweih.

Die weiblichen Tiere nennen wir Hirschkühe.
Sie bekommen im Frühjahr ein oder zwei Jungtiere.
Diese nennt man Hirschkälber.

Rehe leben meist einzeln oder in kleinen Gruppen zusammen.
Sie ernähren sich von Gras, Kräutern und zartem Laub.
Das männliche Tier heißt Rehbock und trägt auf dem Kopf
ein Gehörn.
Das ist aber kleiner als das des Rothirsches.
Rehböcke werfen ihr Gehörn im Spätherbst ab.
Im Januar wächst dann das neue Gehörn.
Wie beim Rothirsch ist es größer und ebenfalls verzweigter.

Das weibliche Tier wird Ricke genannt.
Es bekommt im Mai ein oder zwei Junge, die Rehkitze.

Eulen und Greifvögel

180 Wörter

In unseren Wäldern leben viele Vogelarten.
Wenn du aufmerksam durch den Wald gehst,
entdeckst du auch Eulen und Greifvögel.

Die größte Eulenart ist der Uhu.
Aber auch andere Eulenarten siedeln sich
in unseren Wäldern häufig an.
Das sind zum Beispiel der kleinere Steinkauz,
der Waldkauz und die Waldohreule.
Eulen schlafen am Tag und jagen in der Nacht.
Sie haben besondere Federn und fliegen damit fast lautlos.
Sie fressen Mäuse, Frösche und andere kleine Tiere.

Zu den Greifvögeln zählen zum Beispiel Bussard,
Adler und Habicht.
Der Mäusebussard kommt von allen Greifvogelarten
am häufigsten bei uns vor.
Siehst du also auf einem Zaunpfahl am Feld
einen großen Greifvogel sitzen,
ist es oft ein Mäusebussard.

Greifvögel jagen im Gegensatz zu den Eulen am Tag.
Sie können sehr gut sehen und ihre Beute hoch oben
aus der Luft beobachten.
Haben sie zum Beispiel eine Maus entdeckt,
schießen sie pfeilartig zu Boden.
Mit ihren scharfen Krallen greifen sie das Beutetier.
Mit ihrem kräftigen Hakenschnabel können sie ihre Beute
leicht zerteilen und damit auch ihre Jungen im Nest füttern.
Das Nest der Greifvögel nennt man Horst.

123 Wörter

Tiere in der Arktis und Antarktis

Die Meere rund um den Nordpol
und den Südpol heißen Polarmeere.
Das nördliche Polarmeer liegt in der Arktis,
das südliche Polarmeer in der Antarktis.
Das Wasser hier ist immer sehr kalt.
Große Teile der Polarmeere
sind das ganze Jahr über zugefroren
und mit einer dicken Eisschicht bedeckt.

Trotz der eisigen Kälte leben viele Tierarten
in und an den Polarmeeren.
Sie sind durch ein dichtes Fell oder eine dicke Fettschicht
vor der Kälte geschützt.
In der Arktis leben zum Beispiel Eisbären, Polarfüchse,
Schneehasen, Seehunde und Walrosse.

In der Antarktis leben zum Beispiel Pinguine,
See-Elefanten und Seeleoparden.
Besonders im südlichen Polarmeer finden die Tiere
sehr viel Nahrung.
Hier leben riesige Schwärme kleiner Krebse,
die wir Krill nennen.
Krill ist die Hauptnahrung der Pinguine und Wale.

Meeres-Begriffe

128 Wörter

Aus dem Weltraum sieht unsere Erde aus
wie eine blaue Kugel.
Ein großer Teil der Oberfläche ist nämlich mit Wasser bedeckt.
Die großen Wasserflächen nennen wir Ozeane.
Die etwas kleineren Wasserflächen heißen Meere.

Die Erdteile ragen wie Inseln aus dem Wasser.
Hier trifft das Meerwasser auf das Land.
Der flache Uferbereich ist mit feinem Sand,
Kies oder größeren Steinen bedeckt.
Der Wind weht den Sand am Strand
an einigen Stellen zusammen.
Diese großen Hügel nennen wir Dünen.

Um sich vor Sturmfluten zu schützen,
bauen die Menschen Deiche.
Das sind Schutzwälle, die hauptsächlich
aus Sand bestehen.

Zweimal täglich strömt das Wasser vom Strand weg.
Diese Zeit nennen wir Ebbe.
Bei Flut steigt das Wasser wieder an
und fließt weit über den Strand.
Auch die Flut findet zweimal täglich statt.

Wale

156 Wörter

Wale sind keine Fische, sondern Säugetiere.
Sie atmen durch Lungen.
Deshalb müssen sie zum Luftholen
an die Wasseroberfläche kommen.
Durch das Blasloch atmen Wale ein und aus.
Die Rückenflosse wird bei Walen Finne genannt.
Die seitlichen Flossen nennen wir Flipper.
Die Schwanzflosse heißt Fluke,
sie steht bei Walen waagerecht.
Bei Fischen steht die Schwanzflosse dagegen senkrecht.

Es gibt ungefähr 80 Walarten auf der Welt.
Auch die Delfine gehören zu den Walen.
Der Große Tümmler oder der Orca sind zum Beispiel Delfine.
Der Orca wird aufgrund seiner Rückenflosse
auch Schwertwal genannt.
Der Blauwal ist das größte Tier der Erde.
Er wird über 30 Meter lang.
Der Pottwal wird bis zu 20 Meter lang
und kann sehr tief tauchen.
Der Grönlandwal lebt nur im arktischen Polarmeer.
Der Schweinswal ist der kleinste Wal.
Er ist in allen Ozeanen zu finden,
auch in der Nord- und Ostsee.
Der Beluga ist ein ganz weißer Wal.
Er wird deshalb auch Weißwal genannt.

Muscheln

154 Wörter

Muscheln sind Weichtiere.
Sie haben eine schützende, harte Schale.
Diese besteht aus zwei Klappen.
In der Schale befinden sich der Kopf und die Organe.
Viele der Muschelarten halten sich mit einer Art Leim
am Boden oder an Steinen fest.
Dieser Leim wird im Fuß der Schnecke gebildet.

Die meisten Muscheln ernähren sich von Plankton.
Das sind winzige Lebewesen im Wasser.
Durch eine Öffnung strömt das Wasser in die Muscheln.
Mit ihren Kiemen filtern sie das Plankton
aus dem Wasser heraus.
Die Kiemen filtern auch Sauerstoff aus dem Wasser.
Durch eine andere Öffnung strömt das Wasser
dann wieder heraus.

Am Strand können wir oft die Muschelschalen finden.
Weit verbreitet sind zum Beispiel die Miesmuscheln.
Sie haben eine schwarz-blaue Schale.
Herzmuscheln haben weiß, gelblich oder
rot gefärbte Schalen mit vielen Rillen.
Liegen beide Klappen der Schale aufeinander,
sieht sie aus wie ein Herz.
Schwertmuscheln haben eine besondere Form.
Ihre braune Schale ist nämlich lang und schmal.

Das Wattenmeer

156 Wörter

An den Küsten der Ozeane und Meere zieht sich
das Wasser zweimal am Tag ins offene Meer zurück.
Einige Stunden später fließt es wieder ans Ufer.
Diesen Wechsel nennen wir Ebbe und Flut.

Verursacht werden diese Phasen durch die Anziehungskraft
der Erde und des Mondes.
Dort, wo der Mond gerade über der Erde steht,
zieht er das Wasser der Weltmeere an.
Dazwischen herrscht Ebbe.
So wechseln sich Ebbe und Flut etwa alle sechs Stunden ab.

Bei Ebbe wird an der Nordseeküste ein besonderer Boden sichtbar.
Diesen Boden nennt man Watt.
Das Wattenmeer ist ein großes Gebiet.
Hier zieht sich das Wasser bei Ebbe sehr weit zurück.
Zu einigen Inseln kannst du dann zu Fuß über
den Wattboden laufen.
Bei Flut wird der Meeresboden wieder überspült.

Im Wattenmeer leben viele Tiere und Pflanzen.
Man findet verschiedene Fische, Vögel, Würmer,
Schnecken und Krebse.
Außerdem gibt es drei große Säugetierarten im Wattenmeer:
den Seehund, die Kegelrobbe und den Schweinswal.

Fische

182 Wörter

Viele Fische leben in Riffen.
Das Riff bietet den Tieren Schutz.
Igelfische, Seepferdchen, bunte Doktorfische, Riffhaie
und viele andere Fischarten fühlen sich hier wohl.

Aber auch besondere Tiere wie die Seeanemone leben hier.
Die Seeanemone ist ein Tier, sie sieht aber aus wie eine Pflanze.
Seeanemonen kommen in vielen Farben vor.
Oft sind sie rosa, orange, gelb oder rot.
Sie sind giftig, deshalb weichen Fische ihnen aus.

Der Clownfisch ist aber geschützt vor dem Gift der Anemone.
So bietet die Anemone dem Clownfisch Schutz.
Bei Gefahr schwimmt er schnell zwischen ihre Fangarme.
Er wird deshalb auch Anemonenfisch genannt.

Aber auch er beschützt die Seeanemone.
Versucht ein anderer Fisch sie zu fressen,
verteidigt der Clownfisch die Anemone.
Der Clownfisch ist orange mit drei breiten weißen Streifen.
Die orangefarbenen Flossen haben schwarze Ränder.
Der Clownfisch wird bis zu 8 cm lang.

Seepferdchen gehören ebenfalls zu den Fischen.
Je nach Art werden sie sehr unterschiedlich groß.
Seepferdchen gibt es in vielen verschiedenen Farben.
Einige sind gelb oder orange, andere weiß, braun oder schwarz.
Seepferdchen leben in den warmen Meeren.
Sie ernähren sich von kleinen Krebstieren.

Die Nutzung der Meere

192 Wörter

Die Menschen nutzen die Meere sehr stark
und gefährden sie dadurch.
Riesige Containerschiffe transportieren Waren
kreuz und quer über unsere Ozeane.
Der Lärm der großen Schiffe vertreibt viele Tiere.

Viele Tausend Windräder in der Nordsee werden
durch den Seewind angetrieben und erzeugen Strom.
Immer mehr Menschen verbringen ihren Urlaub am Meer.
Deshalb werden Flughäfen, Straßen, Hotels
und Restaurants an den Küsten gebaut.

Öl gelangt bei Unglücken von großen Schiffen
oder durch undichte Stellen an Rohren in die Meere.
Das Öl beschmutzt das Gefieder von Seevögeln
und dadurch sterben sie.
Das Öl setzt sich auch an Pflanzen fest.
Viele Meeresbewohner fressen diese und sterben dadurch.

Seit Urzeiten essen die Menschen Fisch, das ist gesund.
Besonders beliebt als Speisefisch sind bei uns der Hering,
die Makrele und der Thunfisch.
Aber auch der Kabeljau, der Heilbutt und der Tintenfisch
wird viel gegessen.

Große Schiffe fangen aber zu viele Fische aus dem Meer.
Deshalb können sich die Fische nicht mehr schnell genug
fortpflanzen.
Einige Fischarten sind sogar vom Aussterben bedroht.
Diese Fische fehlen dann als Nahrung, zum Beispiel für Delfine.

Viele Tiere verfangen sich in den riesigen Fischernetzen
und sterben. Besonders bedroht davon ist der Delfin.